# Poemario
# Por ti vivo –
# Por ti muero

Victor Ham

**Poemario Por ti vivo – Por ti muero**

Primera edición: 2024

ISBN: 9788410143357
ISBN eBook: 9788410143753

© del texto:
   Victor Ham

© del diseño de esta edición:
   Caligrama, 2024
   www.caligramaeditorial.com
   info@caligramaeditorial.com

Impreso en España – Printed in Spain

*Días de tinieblas y de luces.*

# Preámbulo

**¡Guerra!** Es el canto de la orfandad del pueblo,
es el abandono de la razón, es la paranoia del
desamor, es palabra la maldita que mata, es el
sentir sin amor.

## ¡Guerra!

¡Guerra! ¡Guerra! gritaban los miserables
saturando de cultura las cunetas,
matando la palabra con bayonetas,
ahogando la libertad los culpables,
enlutando con sangre los insaciables,
llenando campos con flores violetas,
atestando de obreros las carretas,
cantando cara al sol los implacables,
luciendo camisas nuevas con sus flechas.
Mientras los mineros con puños en alto,
con el yugo en mano pedían: justicia,
voto, pan, trabajo y la democracia,
alzados en armas, ante el asalto
en ciudades, en los campos, con guadañas.

# La sextina de los implacables

Fue la palabra de los implacables
un canto negro, tocando a muerto,
tañer de campanas en cementerios,
llenando cunetas y paredones,
con las esperanzas de los hermanos:
silenciadas, tapadas y calladas.

Fue un despertar de balas calladas,
un perseguir gentes por implacables,
llenando de lágrimas a hermanos,
mudez de la voz llamando a muertos,
gritos, voces, ante los paredones
cubriendo de caídos los cementerios.

Llenos de luz negra los cementerios,
con los cantos y las voces calladas,
hermanan a muertos en paredones
entre los gritos de los implacables
pidiendo venganza para el muerto,
en lucha fratricida de hermanos.

Entre proclamas gritan los hermanos
llenando de sangre los cementerios,
la patria es nuestra ¡vela tu muerto!
la paz se muere entre las calladas

de mudez y gritos, de implacables
¡lloran las madres en los paredones!

Las balas callan en los paredones
igualando la voz de los hermanos,
restando de razón a implacables
al llenar de muertos los cementerios
y el lagrimar de madres calladas
mientras las campanas tañen a muerto.

Pidiendo paz y el silencio muerto
por el sonido de los paredones
para liberar al país de calladas,
reuniendo en amor a los hermanos,
tornando en parques los cementerios,
callando la voz de los implacables.

Calla implacable, da paz al muerto,
silencia el cementerio sin paredones,
dejen a los hermanos en sus calladas.

# El romance de la orfandad

Sentí en las calles la canción,
las palabras de la sin razón,
el olvido de los hermanos
es mi enemigo, no otros.
Esas trajeron las traiciones,
palabras rotas de amores
callados, olvido de nación,
de hermanos de la sin razón.

*Ese fue el canto del azul, con
su cara al sol.*

A los otros los oí callados,
murmurando y silenciados
ha nacido el dominador,
el déspota, el dictador.
El que esconde la palabra
que oprime la democracia,
la justicia la descalabra
e instaura la autocracia.

*Ese fue el canto del rojo, con
la internacional socialista.*

El dictador trajo el dolor
con él se llenaron las cárceles
con él culminó el desamor,
se atestaron los penales.
Las palabras eran calladas,
las verdades disimuladas,
las razones arrinconadas
y por los sociales negadas.

*Este fue el canto del azul, con
su cara al sol.*

El pueblo, su voz y el voto
olvidado por el dictador
palpitaba sin alboroto
su crecida contra el deudor.
Pedían pan, justicia, cultura
ante la porra de los grises
en una España oscura
y libertad, sin más interés.

*Ese fue el canto del rojo, con
la internacional socialista.*

El campesino es dañado
por el caporal, por el amo,
por el cacique condenado
sin bollo, ante su reclamo.
En la ciudad triunfa el trepa

luciendo en cinto el arma
silenciando al que discrepa,
impidiendo cualquier alarma.

*Este fue el canto del azul, con*
*su cara al sol.*

El pueblo blande con sordina
su llamada a la libertad
no quiere vivir con inquina,
no quiere vivir con soledad
muerto, sin paz, en la esquina
de los tiempos, en cautividad
llevando fija la espina
en la mente de la orfandad.

*Ese fue el canto del rojo, con*
*la internacional socialista.*

# La silva grita

¡Desde los cafés! ¡Desde las calles! ¡Desde la mente!
surgió la santa palabra
¡Libertad!
que el ánimo la labra
¡Orfandad!
tacha del abracadabra
¡Soledad!

¡Desde la mente! ¡En quietud! ¡Coreando las
almas!
¡Gritan esperanza!
la gritan en silencio tañendo las campanas
¡Lloran la tardanza!
de los dominadores para bajar las armas
¡Sin pedir venganza!
piden paz, nunca un guerra de hermanos, ¡jamás!

¡Coreando las almas! ¡Paz, voto, democracia y
libertad!
rechazan la usura de la cultura
¡La impunidad!
la palabra silenciada y oscura
¡La inequidad!
el pueblo negado y su desventura
¡La inmunidad!

¡Paz, voto, democracia y libertad! ¡Pide el pueblo!
no se cansa, aunque callado
se reúne y afianza,
sueña y arrinconado
revindica la tardanza,
de un juez para el malvado
y salvar la esperanza.

¡Pide el pueblo! No quiere olvido, ¡pide libertad!
pide hermandad
no quiere silencio, quiere justicia e igualdad
pide dignidad
no quiere a sociales, ni grises, quiere equidad
pide lealtad
no quiere hacinarse dentro de la impunidad.

¡No quiere olvido! ¡Pide libertad!
para hablar
quiere libre asociación, el sentir la razón
para pensar
quiere desdeñar el miedo, sentir el corazón
para pactar
quiere cicatrizar las heridas de la traición.

¡No quiere olvido! ¡No quiere olvido!
Quiere el pacto, el voto y vivir en libertad.

# El cosante del desamor

*En Europa nace lo oscuro,*
*calla la palabra.*
Nace el nacionalsocialismo
con él, el barbarismo
*Muere la palabra.*
Nace la camisa parda,
que a la gente acobarda.
*Muere la palabra.*
Nace el fascismo
con él, el fanatismo.
*Muere la palabra.*
Nace la camisa negra,
con ella la idea lóbrega.
*Muere la palabra.*
Nace el falangismo,
con él, el abismo.
*Muere la palabra.*
Nace la camisa azul,
que tapa la idea con el tul.
*Muere la palabra.*
Nace el comunismo,
con él despotismo.
*Muere la palabra.*
Nace la camisa roja,

con ella lo abrojo.
*Muere la palabra.*
Nace el dictador,
y con él el horror.
*Muere la palabra*
*y con su muerte,*
*el desamor.*

# La canción de la esperanza

Pasó el tiempo y con él arribó la democracia,
trayendo la alegría al pueblo, canto con palabra,
borrando el odio al habla, borrando la falacia;
originando los surcos de libertad, el entreabra
de las gentes en su lucha para huir de la desgracia,
en la pugna fratricida vivida con pertinacia.

Del opresor y su contumacia
a la cerrazón de su sinrazón,
aportando el pueblo corazón,
liberándolo de ataduras
de las incertidumbres oscuras.

Con la Constitución, llegó el Parlamento
y con el cielo, el fulgor del firmamento
y con él la unión, y el entendimiento.

# El romance de la turbación

Tras el encuentro de las dos Españas,
llegó el reñido, el terrorista
oculto, con el tiro en la nuca
matando inocentes, el egoísta.

Trayendo el luto de la turbación,
angustia, la muerte a los hogares
dolor al crédulo, en el corazón
la sinrazón, de somos diferentes.

La patria es de todos, es la razón,
la historia nos olvida, nos sojuzga,
solos estamos mejor, sin su rejón
con su fuerza nos veja, nos subyuga.

España solo piensa en hermanos,
en semejantes, no hay diferente,
sus hablas, no ahuyenta a unos
de otros, une permanentemente.

Mostraron su voz los separatistas,
la patria falsea, nos roba el habla,
nos quita la identidad.

# El cosante del golpista

*Los salvadores de la patria*
*se agrupan.*
Asomando los golpistas
tricornio en mano, los camorristas.
*Los salvadores de la patria*
*se agrupan.*
Hoy a golpe de bala, hablamos
y nuestras razones mostramos.
*Los salvadores de la patria*
*se agrupan.*
Tararean su paranoia briosamente
sellando la boca del inocente.
*Los salvadores de la patria*
*se agrupan.*
Esperando al salvador, al pensante,
al cerebro del motín, al elefante.
*Los salvadores de la patria*
*se agrupan.*
Secuestran al pueblo, callan su voz
con las armas de forma atroz.
*Los salvadores de la patria*
*se agrupan.*
Gritan y chillan, que el pueblo calle,
tenemos los tanques en la calle.

*Los salvadores de la patria*
*se agrupan.*
Tenemos prisionero al parlamento,
su gobierno y la paz, dice el violento.
*Los salvadores de la patria*
*se agrupan.*
Nadie sabe del martirio de su corazón,
solo cantan la España de su sinrazón.
*Los salvadores de la patria*
*se agrupan.*
Adjuran, confiscan, embargan la razón
del voto trayendo al país la confusión
*Los salvadores de la patria*
*se agrupan.*

# El romance del dictador

España siempre emergió dividida,
la del asalariado y el obrero,
la del amo y el patrono, partida
entre hechos y derechos, por impero.
Ese fue el mandato, el nacimiento
del salario, lo injusto del reparto
lo injusto del bien, su ordenamiento
al obrero, contigo no lo comparto.

*La España quedó dividida por el*
*derecho al trabajo y al pan.*

Después del marqués, apareció el amo,
el dueño del salario y el trabajo,
el empresario del dinero reclamó
del banquero, que convirtió en andrajo
al obrero, con la marca de su marchamo
la propiedad es mía, tuyo el sombrajo,
hambre, contigo solo ando un tramo,
tu soledad y tu carga a destajo.

*La España quedó dividida por el*
*derecho al trabajo y al pan.*

Ahondó su unión con la incultura,
reinó la ignorancia, la educación
negada, como en la patria oscura,
de la monarquía de los Austrias y Borbón
que gobernó a un pueblo sin ventura,
al amparo del favor de la religión,
con su Inquisición, siendo su desventura
olvido del pueblo, la falta de razón.

*La España quedó dividida por el*
*derecho al trabajo y al pan.*

Llegó la República fortaleciendo
al país con su voto democratizador
pudiendo el pueblo hablar, avivando
la libertad con el grito libertador,
hay sindicato, frente rico nefando
el país es nuestro al redoble del tambor,
ahora somos ciudadanos, sin bando
que constriña nuestra voz, sin dictador.

*La España quedó dividida por el*
*derecho al trabajo y al pan.*

Responde el militar militarista
alzado en armas, el felón engreído
acordonando nuevamente el golpista
con los hierros del silencio y olvido,
asediando al pueblo, el arbitrista

al afán del capricho, de su rugido
matando la voz del pueblo, el sofista
borrando el voto con un estampido.

*La España quedó dividida por el*
*derecho al voto y al habla.*

# El soneto del dictador

Llegó el dictador, con él la ronquera
de la cultura, el dictado del amo
del arbitrario injusto, con marchamo
de tambor, con su locución agorera
de muera la palabra, el voto fuera
el adiós al poeta, era su reclamo
la pintura es impureza; proclamó
en el estado, solo hay una lumbrera.

Borró del libro el verbo democracia,
el ciudadano es un menor, soy padre
que le guía, habla con embuste el traidor.

A su voz con bayoneta y desmadre
sus sicarios arrebatan con falacia
la libertad, por mandato del dictador.

# La silva de la liberación

El pueblo liberado de la caspa de dictador
entre ricino y cárceles creció,
se liberó en la bruma de las calles del temor,
en silencio su alma, reverdeció.
¡Grito callado de la cultura y de la razón!
fue ¡Libertad! fuera el libertador
lo dijo el pueblo ¡Democracia! con el corazón
solo una voz ¡El voto! liberador.
En su mente brotó la rosa de la ilustración,
llena de espinas del maltratador
que ahogaron al pueblo y callaron su razón,
pero le trajo calma y el amor.

Espina a espina la rosa quedó libre de dolor
floreciendo el hablar
llegó la palabra, ser libre, el vivir fuera del temor
aflorando el soñar.
El gesto sin miedo, al afirmar la opinión con la voz
la libertad de votar
sin mirar atrás, sin demandar la licencia al gris feroz
pudiendo esperanzar.
Logrando la democracia, pudiendo debatir sin armas
fue el logro de todos,
la lucha del pensamiento premió a la discordia, jamás
decir a la lid, adiós.

El nacimiento de la unión en la conquista del derecho
del pacto con la razón,
vínculo de hermanos en un solo pueblo sin desecho,
la unión sin la prisión.

# La silva de la democracia

Llegó el referéndum, el Parlamento
la voz del pueblo, ansiada
de un sueño, del colmo del sufrimiento
la libertad añorada.
Llegaron las voces de la paz pactada,
la guiaron los políticos
con el habla, sin gritos de asonada
los acuerdos, no los ricos.
Llegaron los sindicatos jornaleros,
afuera los verticales,
parlamentaron patronos y obreros
sobre las leyes sociales.

El país tuvo delegación y audiencia,
gobierno y oposición,
y voto para cesar la diferencia,
repartiendo paz y razón.
Llegaron los cantos de unos y otros
hablando el país de todos,
traen su habla, todos escuchan a otros,
no silencios para otros.
Ya tenemos separación de poderes,
el poder del legislador,

el mandato de gobernar con las leyes
y al juez, de ley defensor.

Ya tenemos paz y democracia
Llegó la libertad, sin falacia.

# El romance del Parlamento

Pasó el tiempo y otro tiempo pasó
¡Ya tenemos Parlamento!
No oímos la voz del pueblo, solo craso
el error, enfrentamiento.
Allí no hay diputados, allí hay palmeros,
gente seria, con un puesto
para cobrar, sentados en los abrevaderos
para glorificar presto,
sin pensar, a la orden del jefe el primero,
la idea no interesa,
solo acallar al opositor, al zaguero
cuando plantea su promesa.

Solo valida el voto, no la voz al parlamento,
se asemeja al del dictador
en ese se perdía la vida, con él el estamento
con el estipendio de seguidor.

Nunca se oye, declarar a la oposición
¡El gobierno puede tener razón!
le responde, con sus palmeros, con agitación
su evaluación, es aberración.

De los diputados el pueblo espera consenso,
el homenaje de la razón
suma de gobierno y oposición, en ascenso
suma de ideas, sin omisión.

# El romance de la unión

España se ennoblece
en un nuevo amanecer,
canta y no obedece,
no anhela aborrecer.

No hay miedo, no hay temor,
ha penado el dictador,
no tenemos paredones
ni muertos en pabellones.

No hay lugar al encono,
no hay balas homicidas
ni traidores en esquinas
ni gente en abandono.

Ni de pueblos olvidados,
solo senda con hermanos,
por el amor anudados
sin lugar para villanos.

España canta el perdón
sin dejaciones, con amor,
la concordia de la razón,
el triunfo del habla sin temor.

Canta el pacto, la reunión
de las Españas, en una,
atestigua la fortuna
de dos en una, su unión.

# El romance de la corrupción

La corrupción nació al amparo
del sol, legado de la ambición,
un mal, la herencia de la nación
la avaricia del desamparo.
*No hay partidos corruptos,*
*solo hay políticos infectos.*
Adelantando con lo oscuro
al obrero, robando su dolor,
sobornando en el antemuro
con una soldada al cobrador.
*No hay partidos corruptos,*
*solo hay políticos infectos.*
Viene de acullá, se emprendió
con los Austrias, siguió con el Borbón,
siguió el dictador, el gran ladrón,
regalo que al político dio.
*No hay partidos corruptos,*
*solo hay políticos infectos.*
La herencia todavía perdura
es de sindicatos, de partidos
políticos su asignatura
aprendida de los forajidos.
*No hay partidos corruptos,*
*solo hay políticos infectos.*

Corrupción no es la democracia,
es lo aprendido en historia
de España «lo tuyo es mío»,
la falta de amor «lo mío es mío».
*No hay partidos corruptos,*
*solo hay políticos infectos.*
Cuando aprendamos que el todo
es de todos, del rico y pobre,
de patrono y obrero, todo
será bien, cuando nadie maniobre.
*No hay partidos corruptos,*
*solo hay políticos infectos.*

Se sumó la inmatriculación
para perfeccionar la corrupción
con solo señalar, esto es mío
yo me lo quedo, es mi albedrío.
*No hay partidos corruptos,*
*solo hay políticos infectos.*

# El zéjel de la democracia

*La esperanza llegó con la democracia,*
*con ella llegó la vida, la libertad,*
*la nueva patria, con ella la dignidad*
*borró el poder de la aristocracia.*

Retornaron los partidos políticos,
aportaron sus ideas programáticas,
reflejadas en música y cánticos
que el pueblo perpetuó en sus pláticas
nivelando a los pobres con los ricos.
Emergió la vida ante la desgracia
rayando desamor y desesperanza,
anulando olvido y la falacia,
de gentes que callaban con la tardanza
*la esperanza llegó, con la democracia.*
Apareció con fuego, sin desigualdad,
sin chaqués, ni azules, con el cimiento
de la ley, con el voto, con legalidad
la Constitución, la voz del Parlamento.
Tanta vida perdida con indignidad
de no ser atendido, ni escuchado
en una guerra sin causa de hermandad,
mi deudo es mi rival, no mi agrado
*con ella llegó la vida, la libertad.*
Llegó cuando concluyó la hostilidad,

cuando murió el amo de la sinrazón,
opresor de ideas, el de la falsedad
cuando ganó el saber y el corazón
con el mejoramiento de la amistad.
Cuando el censor cesó su impunidad
frente a la cultura, por el mandato
de la autoridad, en la oscuridad
prorrumpió con un grito, el arrebato
*la nueva patria, con ella la dignidad.*

Cuando negociaron, la ineficacia
de patronos y sindicatos del parto
de los bienes, que al obrero agracia
con su trabajo, él en cada aparto.
La economía persuadió con su gracia,
trajo moralidad a la negociación,
mesura al patrono sin contumacia,
aceptación del obrero, a su razón
*borró el poder de la aristocracia.*

# El pareado del voto

Pasó el tiempo y la democracia ganó,
ganó la voz del pueblo, murió el tirano.
se logró sin armas, avanzó con la razón,
con el aliento de la voz y el corazón.

Llegaron los partidos con la añagaza,
con el estorbo del voto, de la palmaza.
Batida por el palmero, en la asamblea
del Parlamento, para nutrir su panacea.
Con seña del jefe sin pensar, ni meditar,
porque si lo contradices, dejas de estar.

La palmada es desistimiento del voto,
mandatario de la dictadura, su roto
la fortaleza y consigna del arbitrario
celada y timo del pueblo, su agravio.

El siguiente paso está en el diputado,
en él nuestra libertad de abanderado,
nuestra voz, nuestro voto, la palabra,
la seña es del país, no del abracadabra.

# Tercetos del pueblo

Queremos gobierno y no populistas,
anhelamos calmar la sed de justicia,
el triunfo de las ideas, no arribistas.

Políticos ponderados, sin codicia,
no al corrupto, que busca acomodo,
al que cree y nos miente con malicia.

Que no cubran la realización, con lodo,
y treta para avalar su escaño,
todo es válido, nada incómodo.

Que no prometan programa, con engaño
marcando con su palabra la falacia,
el pueblo es ignorante, un rebaño.

Siendo ese, el mensaje de la autocracia,
del felón militarista y del golpista,
al robar el voto y la democracia.

No queremos al político corista,
la segunda voz del adalid, palmero
de oficio, ladrón del voto, cuentista.

# Índice